우주보다 아름다운 것

우주보다 아름다운 것

박성용 지음

좋은땅

우주보다 아름다운 것

"세상 모든 이의 삶(人生)은 아름답다"

유아(乳兒) 시절 :
신체적, 인지적, 감정적 발달이 이루어지는 시기

청소년(靑少年) 시절 :
사회성과 자아정체성, 독립심 등이 발달하는 시기

청년(靑年) 시절 :
진로, 결혼 등 인생의 방향성을 결정짓는 시기

중년(中年) 시절 :
직업적, 가정적 책임이 정점에 이르는 시기

노년(老年) 시절 :
삶의 성과를 되돌아보고 평화로운 마무리를 준비하는 시기

유아(乳兒) 시절 :

신체적, 인지적, 감정적 발달이
이루어지는 시기

01. 탄생(命)

저 하늘이 숨을 멈춘 듯,
한 점 빛이 세상에 내려온다

작디작은 숨결 하나,
그러나 천둥처럼 울리는 첫 울음소리

어머니의 땀방울이 강물처럼 흐르고,
아버지의 눈빛이 별빛처럼 떨리며,
그 작은 손가락 끝에
세상의 무게가 담긴다

너는 누구냐?
이곳에 어찌, 왜 왔느냐?

애절함과 설렘, 두려움과 기쁨
신기할 만큼 작은 존재

그러나 우주만큼 큰 존재
너는 기적(奇蹟)이자 질문이며,
희망이자 두려움

오늘,
부모에게

새로운 세상이 열린다

02. 첫 웃음, 첫 단어

그것은 천사가 날개를 기쁘게 흔드는 소리,
역시나 별이 밤하늘에서 춤추는 순간

너의 웃음소리가 처음 들렸을 때,
모두가 멈춘다
시간도, 숨결도, 세상의 모든 걱정도

그 짧은 찰나에 묻는다
무엇이 그렇게 재미있었을까?
부모의 엉성한 노래였을까?
삐뚤빼뚤한 얼굴 표정이었을까?

아니면, 그냥
세상을 알아가기 시작한 기쁨일까?

아가야,

너의 첫 웃음은 모두에게
두 번째 삶을 열어 주었단다

그러니, 크게 웃어라!

모두가 광대가 되어 춤을 추고,
세상 모든 바보 같은 농담도
너의 웃음을 위해 준비할 테니

03. 첫 걸음

너의 작은 발이
첫 발자국을 떼는 순간,
세상은 숨을 멈추고 그 작은 기적을 바라 본다

두 손은 아직 뭔가를 잡고 싶었지만,
너는 스스로 결국 조금씩 일어선다

한 걸음, 두 걸음
그 짧은 거리가
우주처럼 아득히 느껴질 듯하다

흔들거리며 넘어지기도 했지만,
그럼에도 계속해서 발을 뗀다

너가 걸을 때마다
조금씩 너는 부모에게서 멀어지는 것 같지만,

그 모든 순간을 함께 걸어가는 것처럼

우리는 하나다

하지만 걱정하지 마라, 아가야

너가 가는 길에 우리는 항상 함께 있을 것이니

맘껏 걸어라!

04. 첫 입학

오늘 아침,
작은 가방을 등에 멘 너의 모습이
세상에서 제일 진지하다

작은 손을 꼭 잡은 채, 너는 문을 연다

너의 발걸음은 토끼처럼 조심스럽지만,
마음은 폭풍처럼 요동친다

복잡한 교실, 처음 보는 얼굴들
어색하지만 반짝이는 눈빛들 속에
나도 반짝일 수 있을까?

처음 본 선생님의 부드러운 미소,
친구들의 쑥스런 작은 인사

그 모든 것이 새롭고 낯설어도
너는 어느새 웃음을 찾아간다

너는 이제
세상을 배울 준비를 하는구나

언제나 무엇이든 응원한다

05. 첫 신체적 아픔, 다침, 병(病)

너의 이마가 달아오르던 밤,
어린 숨결이 거칠어지던 그 순간,
세상이 무너지는 느낌이다

너의 아픔은
가슴을 할퀴며 지나가고,
아무것도 할 수 없는 상황이다

너가 잠시 잠들면
밤새 침대 곁에 앉아 너의 손을 잡는다

시간이 지나며,
너는 조금씩 웃음을 되찾았고,
작은 발로 다시 세상을 밟기 시작한다

그제야 깨닫는다

너는 강하다는 것을,

스스로 길을 찾고 있는 작은 전사(戰士)라는 것을

인생은 때로 우리를 넘어뜨리지만,

그 속에서도

우리는 더 강해질 수 있다는 것을

청소년(青少年) 시절 :

사회성과 자아정체성,
독립심 등이 발달하는 시기

06. 첫 친구

처음으로 너의 손이
가족이 아닌 누군가의 손을 잡는다

땀이 살짝 배인 작은 손길
하지만 그 안엔 미래의 무수한 이야기가 담긴다

함께 쌓은 블록(Block)은
조금 기울었지만,
너희들의 웃음은
어떤 성(城)보다 높았다.

첫 친구는
마치 거울처럼 너의 마음이 그 안에 비친다

시간이 지나
그를/그녀를 기억하지 못하더라도,

그날의 손길은

평생 마음 한 켠에 남아

다른 누군가와의 인연을 이어 준다

07. 첫 교사, 스승, 멘토

어린 마음의 밭에
씨앗 하나 심어 준다
꿈의 뿌리를 내려 준다

넘어져 무릎이 까져도
다시 일어나는 법을 가르쳐 준다

책 속의 글자보다
삶 속의 가치를 보여 주고

성공(成功)보다 성장(成長)을,
정답(正答)보다 질문(質問)을 준다

그날의 교단은 텅 비어 있고,
칠판 위엔 남아 있던 글씨조차
지워져 버린 지 오래지만

때론 조용히, 때론 거칠게
때론 바람 같고, 때론 비 같고

시간은 흐르고 계절은 변해도
별처럼 남아 있으리

08. 첫 몸의 변화, 성적(性的) 성장

어느 날 거울 속 내가 낯설게 웃는다
그 아이 같던 눈빛 속에 무언가가 깃들어
어른 흉내라도 내려는 듯
깊어진 모습이다

키는 하늘을 찌르듯 자라나고,
목소리는 바람 속
낮은 울림처럼 무겁고
가슴은 나뭇잎처럼
봉우리를 틔우려 한다

어디서 왔는지 모를 힘겨운 질문들이
마음 속에 둥지를 튼다

"나는 누구인가?"

"나는 왜 변하는가?"

풀리지 않는 수수께끼

세상이 커지고 있음을 느끼지만
이 변화를 두려워하지 않으리라

내 손과 발, 나의 마음과 숨결이
이 새로운 나를 향해 내딛는 걸음이다

09. 첫 사랑

너를 처음 본 날,
세상은 갑자기 전에 없이 더 빛이 난다

햇살은 이상하리 부드러워지고,
바람은 내게 노래마저 불러 준다

너의 웃음은 봄날의 첫 꽃이고,
너의 목소리는 내 마음을
심하게 흔드는 작은 파도다

너에게 한 걸음 다가서기까지
내 마음은 천 번쯤 망설였고,

너가 내게 미소 지을 때마다
나는 마치 세상을 다 가진 듯하다

첫 사랑이란,

가장 순수(純粹)하지만 가장 뜨거운 불꽃

한 번 타오르고 나면,

영원히 가슴속에

작은 빛으로 남아

길을 비추는 별이 된다

10. 첫 갈등, 학창시절 고민

책 속의 주인공들은
언제나 정답을 알고
단호한 발걸음으로 앞으로 나아가는데,

왜, 매 순간
나는 두려움과 의문에 갇히는 걸까?

가슴 속 불안이 일렁일 때,
세상이 한순간에 어두워지던 그 순간

가진 모든 것들이 흔들렸고,
잡을 수 없는 공허(空虛)만이 가득하다

말없이 닫힌 문 앞에서
눈물로 얼룩진 마음을 움켜쥐고
끝없는 다툼 속에서 무너진다

언젠가 이 모든 고민이
한 장의 추억으로 남을 때,

오늘의 나를
조금 더 사랑할 수 있을까?

조금 더 나를 성장시킬 수 있을까?

청년(靑年) 시절 :

진로, 결혼 등 인생의 방향성을
결정짓는 시기

11. 첫 상급교육기관(대학 포함)

길이 보이지 않는 시절

그건 청소년의 끝자락
무엇을 원하고 어디로 가야 할지 모른다

그러나 시간은 흐르고,
그 시간은 이곳으로 나를 데려온다

대학의 첫날,
낯선 캠퍼스에 발을 들이는 순간

또 다른 세상의 문턱에 선다

강의실에 앉아 처음 듣는 사유(思惟)의 언어들,
도서관의 끝없이 펼쳐진 지식의 숲,
그리고 카페에서의 끝나지 않는 대화

동아리 방의 웃음소리,

길거리 공연의 기타 선율,

새벽까지 이어진 토론 속에서

안에 숨겨진 나를 만난다

이제는 그래도 좀 어른인가 보다

12. 첫 해외여행

구름 위를 걷는 듯한 비행기 창 너머로
낯선 땅이 모습을 드러낼 때,
가슴은 두근거린다

새로운 공기가 폐를 채우고,
새로운 빛이 눈을 물들였다

다른 하늘, 다른 언어,
그리고 다른 꿈을 꾸는 사람들

이 넓은 세상의 작은 조각 속으로
처음 발을 내딛는다

길모퉁이마다 낯선 언어가 춤추고,
이국의 향신료가 코끝을 간지럽힌다

그러나 빛은 언제나 몰랐던
그림자를 데리고 온다

황금빛 해변 뒤편,
부서진 집들이 침묵 속에 서 있고,
화려한 도시의 뒷골목에서는

누군가의 삶이 무너져 내린다

세상은 넓었지만,
그 넓음 속에서 더 이상 혼자가 아니다

13. 첫 직장, 첫 월급

책상에 앉아 쏟아지는 문서들 사이에서
하루가 숨 가쁘게 흘러간다

새벽의 알람 소리로 시작된 하루가
깜빡이는 네온사인 아래서 끝난다

현실은 나에게 묵직한 교훈을 안겨 준다

돈이란,
단지 종이와 숫자의 조합이 아니고
시간과 땀이 엉켜 만들어진 무엇이고
포기와 인내가 쌓여 이루어진 결과라는 것을

첫 월급을 손에 쥐었을 때, 그냥 울컥한다

그 작은 봉투 하나가

얼마나 많은 사람들의 삶을 떠올리게 하는지

그 속에 담긴 것은,
단순한 숫자가 아니고

부모님께 의지했던 시간들과
그네들의 눈가에 스친 피로함이 떠오른다

14. 첫 자취, 독립생활

처음 집을 떠날 때,
두 가지 마음이 섞인다

하나는 바람(風)에 실린 자유의 향기처럼
기다려온 해방의 설렘

다른 하나는 가슴 속에 놓인 짐처럼,
다가온 책임감

어디서 시작해야 할지,
내일의 빛을 어떻게 맞이할지

그리움도 있고, 두려움도 있지만,
여기 작은 공간이 있다는 사실에
조금씩 힘을 얻어 간다

그 속에서 찾은 혼자만의 공간,

그 속에서 피어나는 혼자만의 삶,

그것이 바로 이제

살아갈 새로운 독립 방식이다

15. 결혼

두 손을 맞잡고 서 있는 순간,
빛나는 눈 속에 세상이 온통 다 담긴다

너와 나,
두 세계가 하나로 녹아 들며
과거와 미래가 교차하는 자리가 된다

익숙했던 어제의 집과 가족을 떠나,
새로운 문을 열며 두려움과 설렘 속으로
한 걸음씩 내딛는다

결혼이란 꿈결 같은
환상(幻想)만은 아니리라

고운 날만큼이나 비바람 부는 날도 있겠지

결혼은 성스러운 의식이지만,
동시에 삶의 가장 사실적인 선택

새벽의 커피 향, 저녁의 웃음소리,
때론 다툼, 때론 침묵 속에

사랑은 매일 새롭게 다듬어진다

중년(中年) 시절 :

직업적, 가정적 책임이 정점에
이르는 시기

16. 첫 아이 출산

그날, 하늘은 아무렇지도 않게 푸르고
땅은 고요히 제 할 일을 했지만
폭풍 같은 떨림이 너무 강하게 밀려온다

너의 첫 울음소리,
그 작은 파도가 나의 전체 영혼을 휩쓴다

작디작은 손, 꿈결 같은 손길로 말이다

작은 눈 속에 반짝이는 별빛,
짧은 숨결 속에 담긴
모든 우주의 숨소리
그러나 크나 큰 두려움도 피어난다

이 연약한 존재를
어떻게 지켜 낼 수 있을까?

세상의 날카로운 모서리들이
너를 할퀼까 봐 마음이 얼어붙는다

너를 안은 순간,
나의 팔은 세상 가장 견고한 성벽(城壁)이 되었고,
나의 가슴은 끝없는 바다로 되어 간다

'부모'라는 이름의 새로운 낯선 무게

17. 첫 실패 또는 좌절

첫걸음이 늘 떨림이라 했지만,
아무도 모른다

떨어지는 추락의 끝에서
그 떨림이 얼마나 처절할 수 있는지

감당할 수 없는 파도를 향해
몸을 던진 것은
무모함이었을까,
아니면 용기였을까?

하지만, 어딘가에서
희미하게 울리던 목소리

"넘어졌다면 일어나라
실패는 끝이 아니라 너를 갈고 닦는 망치와 같다"

발자국이 남긴 자리에
상처의 흔적은 진실이 된다

다시 일어나는 이 순간,
세계는
조용히, 그러나 단단히 다시 시작된다

18. 첫 성공, 큰 꿈을 이룬 순간

얼마나 오래 걸었을까,
비바람을 맞으며
눈앞에 드리운 안개의 끝을
찾아 헤매던 날들

땀에 젖어 미끄러지는 손,
포기하고 싶은 유혹(誘惑)의 밤들

그러나 그 모든 것이 발걸음을 단단히 한다

벅찬 희열의 눈물과 성장통(成長痛)
아래를 내려다보니
좁디 좁은 길들이 얽혀 있었네

이제 안다
모든 고통과 불안은

희열(喜悅)로 바뀔 수 있다는 것을

그래서 인생(人生)인가?

그냥 안도의 숨으로 돌아다보게 된다

19. 첫 은퇴

회사 책상 아니면 삶의 터전 위엔 여전히
손때 묻은 도구들이 있다

손가락이 기억하는 그 익숙한 감각들,

그러나 이제는 멈춘 시간 속의
고요한 그림자일 뿐

문득 창밖을 본다

문득 하늘을 본다

문득 나를 본다

한때 너무나 분주히 오갔던 거리의 소리들,
세상의 톱니바퀴로

굴러가고 있던 그 날들이
먼 꿈처럼 느껴진다

이제는 달리는 법이 아니라
멈춰 서는 법을 배울 때

고독은 어쩌면
새로운 시작을 위한
침묵의 공간일지도 모른다

그렇게 생각하자

20. 첫 자녀의 결혼

오늘,
내 손을 떠난다

작은 두 손으로 나의 손가락을 꼭 잡고
세상을 처음 마주했던
그날이 엊그제 같은데

이제는 어엿한 어른이 되어
다른 이의 손을 잡고 서 있다

진심으로 웃으며 축복한다

하지만 마음 한구석에는
조용히 내려앉는
홀가분함과 허전함이 어쩔 수 없이 뒤섞인다

이제는 조금씩 알게 된다
부모의 사랑이란
붙잡는 것이 아니라
놓아주는 것임을

너의 날갯짓을 방해하지 않고
너의 비상을 응원하는 것임을

그저 미소 짓는다
그저 행복해라

노년(老年) 시절 :

삶의 성과를 되돌아보고
평화로운 마무리를 준비하는 시기

21. 부모와의 이별

그날의 햇살은
평소와 다를 것 없었다

그러나
세상이 한순간 멈춘 듯,
아무런 숨조차 쉴 수 없는 고요가 밀려온다

어디론가 사라진 목소리,
아직도 귓가에 맴도는
따뜻한 음성들

그러나 이제
그 소리의 끝엔
깊은 침묵만이 자리한다

그토록 의지했던 두 손이 사라진다

늘 곁에서 내 길을 밝혀 주던 빛이 꺼진다
스스로를 탓하는 시간들뿐이다

빈 자리는 여전히 아프지만,
그곳에 새로 피어나는

감사와 그리움,
후회의 꽃이 조용히 흔들린다

22. 첫 손자

그날, 작은 울음소리가 세상을 가득 채운다

너무도 작고 연약한 존재가
품에 안겼을 때,
말할 수 없는 벅참에 그저 눈을 감는다

나의 자녀가
처음 품에 안겼던 그날이 떠오르지만
이건 다른 느낌이다

작은 손가락, 부드러운 숨결
눈부신 작은 생명이 새로운 빛이 된다
감동의 시(詩)가 된다

이제 또 다른 역할을 배운다
삶의 새로운 순환(循環) 속에서

조금 물러서서 지켜보는 법

그리고 기쁨과 지혜를

다시 나누는 법

삶은 참 놀랍고도 신비하다

23. 첫 큰 질병

쉬지 않고 달려온 삶의 어느 자락에서
갑작스레 멈추는 신호가 울린다

몸의 한구석이,
내가 알던 나 자신이
조용히 무너지는 소리가 들린다

"이것이 끝일까?"
죽음이라는 단어가 머릿속을 떠다닌다

누구를 위해 달렸던 길이었을까?

무엇을 위해 싸웠던 날들이었을까?

그 모든 순간이 허무하게 느껴졌던 건
아마 이 병이 마지막을

속삭였기 때문일지도 모른다

그러나,
깊은 허무의 끝에서 불현듯 깨닫는다

삶은 단순히 길이 아니라
그 길 위에서 피어난 작고도
소중한 꽃이라는 것을

끝이 있는,
하지만 반복되는 작은 꽃이라는 것을

24. 자신의 삶을 되돌아봄

해가 길게 기운다
이제는 긴 그림자 속에 서서
걸어온 길을 돌아본다

한 걸음, 한 걸음
내디딜 때마다 남겼던 흔적들이
흐릿한 기억 속에서
조용히 되살아난다

"나는 잘 살아왔는가?"

"나는 가족과 이웃에게 좋은 존재였을까?"

가슴속 깊은 곳에서 울리는 이 질문은
무겁고도 겸허하다

아이들과 더 많은 시간을 나누고,
더 큰 용기로 세상에 나아갈 수는 없었을까?
나는 누군가에게 따뜻한 손길이었을까,

아니면 모른 척 지나친 바람이었을까?

삶은 너무도 짧았고,
그러면서도 참 길다

25. 죽음(命)

내일이면
이 세상을 떠날지도 모른다

영원한 떠남을 두고
내가 살아온 모든 날들이
한 권의 책처럼 펼쳐진다

내 안에서 반복되는 생각들,
후회와 아쉬움

그리고 가슴 깊은 곳에서
일어나는 죽음이라는
두려움과 이별의 소리

차갑게 느껴지는 공기 속에서
한숨 내쉬며,

사랑했던 사람들을 어떻게
놓아줘야 할지 모른다

그들의 눈을 마지막으로 바라보며
내가 할 수 있는 건
그들에게 사랑을 남기는 것뿐

마지막으로 알게 된다

살았었기에
그것만으로도 충분할지도 모른다는 것을

우주보다 아름다운 것

"세상 모든 이의 일(業)은 아름답다"

* 하기 소개되는 40개의 직업군은 전적으로 작가의 개인적인 견해로
  선정된 것입니다.

01. 택시 기사 Taxi driver, Cab driver

흔들리는 스티어링,
도로의 죄송한 자존심

밤의 감촉이 어김없이 신호등에 스며들 때,
그는/그녀는 낯선 이의 인도자

도로의 고독과 여운을 함께하며,
끝나지 않는 도시의 속삭임을 듣는다

도로 위에 한없이 맡겨진 운명,
항해하는 인생의 자그마한 공간

순간마다 다른 동반자(同伴者)들의
알 수 없는 흐릿한 이야기와
얽히고 설킨 감정들의 색채

깜빡이는 네온 빛의 도시 불빛과

차창에 비친 낯선 얼굴

휴식의 모멘트,

모처럼 찾아온 작은 공간안의 평화와 고요함

고립된 순간들 사이에서 택시 기사는

오늘도

무표정한 책사(策士)가 되어 간다

02. 경매상 Auctioneer

어두운 조명 아래 무언(無言)의 회오리
그는/그녀는 길들여지지 않은
예술 작품들을 품고,
바깥 세상으로 나가는 투사의 옷을 입는다

닳아 빠진 망치와는 다른 높은 기대

그는/그녀는 쇠락한 망치로
자신의 열정을 내리친다

보이는 목소리의 소용돌이와
눈치에 쌓인 가림막의 뒤편

감춰진 무언가를 말하고자 하는 소음과 함께,
자신의 인생을 내리친다

낙찰의 고요와 판매자의 짙은 향수

경매상은 낙찰(落札)된

작품의 고요함 속에서,

예술작품의 감탄에 흠뻑 취해

자신의 고독함마저 내리친다

03. 야구 선수 Baseball Player

투심(Two Seam) 잡은 초구의 스릴
흙먼지 피어나는 그라운드
마치 나뭇가지처럼 휘날리는 배트

사람들의 끝없는 환호와
대책 없는 아우성이 존재한다

베이스를 둘러싼 순간의 열기
홈런의 환호와 땀으로 젖은 하이 파이브

그리고 승리의 마침표,
때론 입술을 깨무는 패배

단숨에 진화(進化)하는 바람처럼,
그의/그녀의 근육은 열정의 불꽃으로부터 식지 않는다

그들의 부드러운 돌(石)어깨에 놀라울 뿐이다

야구장은 영웅들의 정원이 되고,
야구 선수는 영웅들의 향연에서

자신의 이야기를 쓰며
새로운 전설을 키운다

04. 유튜버 YouTuber, Content Creator

클릭(Click) 한 번에
시작되는 왁자지껄 얘기

그는/그녀는 새로운 이야기의 창조주가 되어 간다

댓글의 소리와 팬들의 환호
'구독'과 '좋아요'의 맹렬한 숫자

관심을 받으며 커져 가는 작은 스타가 되어 간다
하지만
괴로움과 좌절 그리고 울음의 넘버

마우스 클릭 소리와 함께,
그는/그녀는 두근거리는 모험을
시작하는 주인공이 되어야 한다

화면 속에서도 빛나야만 하는 미소,
흔한 일상에서 특별한 순간을 만들어 내는
창조(創造)의 조각가가 되어 간다

유튜버는 언제나 새로움을 추구하며
팬들을 사로잡는 혁명가가 되어야 한다

댓글이 깨알 같다

05. 소믈리에 Sommelier

와인잔의 춤에 따라 고요히 붉게 물든 잔,
때로는 투명한 연두(軟豆)

쌓인 햇살의 기억과 고요한 와인 셀러

처음 겪는 새로운 향수와
미묘한 맛의 모험

햇살 가득한 풍경과
그에 걸맞은 풍부한 향기가

그야말로 절묘하다

그는/그녀는 포도의 농축된 향을 품은 농부

포도 안의 숨은 보물을 찾아가는 모험가로

미지의 세계에서 찾아온 향기를 찾는다

포도의 취향(趣向)을 뒤덮고 있는
어둡고 신비한 힘을 느낀다

소믈리에는 인생의 단순함과 복잡함을 감싸는
그 이상(理想)의
와인을 건네준다

06. 헬스 트레이너 Personal Trainer

일어서라!

거울 속 숨어 있는
자신에게 명령한다

근육을 당장 로마시대의 노예처럼 부려라!

거울 속 자고 있는 자신에게 소리친다

한 발짝, 두 발짝
근육은 봄의 꽃향기처럼 피어나고,

스트레스의 물결은
놀라운 열정의 바다로 변한다

드디어 자유로워지는 심장,

건강한 피부와 뼈

무거운 근육의 책임을 품고 서 있는

그는/그녀는

비로소 사람 좋은 미소를 보인다

헬스 트레이너 손에 담긴

건강의 비밀과 열쇠

땀방울이 빗물처럼 경이(驚異)롭다

07. 코미디언 Comedian

무대 위에서 따라올 수 없는 유일한 햇살,
그의/그녀의 익살로
관객들의 웃음소리는

무대를 가득 채운다

그것은 차라리
한 장면 한 장면 살아 있는 만화(漫畵)

누구보다도 일상의 비극을 유쾌한 풍자로 잘도 만든다
하지만 쉬운 일이 아니다

잔잔한 유머를
가벼운 언어로 풀어내는 재주

그는/그녀는 오늘도 삶의 난로에서

따뜻한 웃음의 불씨를 피운다

화려한 의상,
그러나 무대 뒤,
나그네 심정

웃음 속에 감춰진 아픔

코미디언은 마음의 응어리에
햇살을 가득 묻혀 낸다

하지만 줄 사람이 없다

08. 프로파일러 Profiler, Criminal profiler

고민의 향기,
흐린 이야기의 줄기가 보인다

고민의 꽃,
숨겨진 얼굴 찾기 게임인가?

고민의 쓰라림,
추론(推論)의 쓰임새를 다시 본다

고민의 해법,
숨겨진 이야기는 분명히 있다

고민의 단서,
감정의 코딩(Coding)이 시작된다

고민의 모자,

어둠의 마법만이 필요하다

프로파일러는
고민의 다리를 건너는 가이드로 변신한다

어쩐지, 삶처럼 실로 복잡하다

09. 장의사 Funeral Director, Mortician

어두운 색을 잃은
오직 회색만의 공간

눈물과 때때론 어쩌면 안도(安堵)의 소리
목마른 땅에 지는 죽음의 꽃

조용한 물결과
매장지의 숨결

그는/그녀는 인생의 마지막 쇼를 연출하는
가보지 못한 다른 세계로의 안내자

그는/그녀는 죽음의 무게를 안고 다니는
어쩌면 짐꾼

마주하는 유골, 고인의 낯선 손길

아주 매우 낯설지만 본 듯하다

영원한 안식처에서
새로운 시작을 꿈꾸게 하고
죽음의 무게를
가벼운 음식으로 잊게 한다

장의사는 부정적인 순간을
고요한 찰나(刹那)로 바꾸고

끝나지 않는 삶의 열쇠를 쥐고
서 있는 죽음의 인솔자(引率者)가 된다

10. 환경미화원 Sanitation Worker

어젯밤 한껏 우쭐대며
먼지 쌓인 스트리트(Street)

누군지 모를 발자국의 흔적

쓸어 내는 브러시,
하지만 쌓인 과거의 무게는 여전하다

손에 묻은 물방울,
고요한 햇살

쓸쓸한 쓰레기통,
고요한 거리

가끔은 외롭다

그는/그녀는 도시의

감성을 새롭게 꾸며 나가는 철저한 고독인

환경미화원은

도시의 웃음과 때론 눈물을 닦아 내고

과거 시간의 거래를 청산하고,

삶의 부담을 가볍게 풀어 나간다

11. 항공기 기장 Captain

고갈(枯渴)된 하늘의 저편,
갇힌 구름들과 흘러내리는
높은 옥탄가 연료

마치 가뭄 속에서 떨어진 구름의 물방울이라면

혹시 모를 비상탈출의 긴 여정,
길을 찾는 나침반

봐도 많은 계기판
그는/그녀는 흩어진 별빛 속에서,
잃어버린 길을 찾는다

정말로 잠잠한 하늘의 고요함,
보이지 않는 숨은 별자리를 찾는 눈빛

그는/그녀는 무한한 하늘의 지도에서,
어딘가의 감춰진 활주로를 찾는다

그러나 착륙의 순간,
고요한 공항과 안도(安堵)의 미소

항공기 기장은 구름 위에서 내려왔지만
새로운 공항에서의
출발을 꿈꾼다

12. 댄서 Dancer

음악이 흐르는 공간,
그 안에서 줄곧 춤추는 영혼

어느덧 춤에서 벗어나 자유롭게 빛난다

발끝의 울림,
몸의 곡선이 말하는 대로
만들어지는 숨은 이야기

음악과 하나되어 새로운 세계를 창조한다
그야말로 경이(驚異)롭다

리듬에 맞춰 흔들리는 머리칼,
눈치 못 채는 순간의 아름다움

공중에 떠서 그만이/그녀만이

보는 새로운 경치를 만들어 낸다

그라데이션처럼 변하는 동작,

하지만 춤추는 바람

혼자만의 마음의 비밀을 춤으로 전한다

무용의 여행,

그 발걸음은 사뿐사뿐,

저벅저벅 순간의 소리

댄서여,

당신의 몸은 시를 읊는 당연한 악기였던가?

13. 격투기 선수 Fighter

옥타곤(Octagon) 안,
피의 비린 냄새와 열기

승리를 향한 길을 걸어가며
강한 자신을 찾는다

남과는 다른 매서운 체력,
그보다 훨씬 강한 눈감은 의지(意志)
드디어 무거운 운명에 맞서,
투지(鬪志)를 안고 일어난다

로마 검투사의 땀방울이 쏟아져 나와도,
그는/그녀는
힘과 기술로 야성의 근원을 품는다

무릎과 주먹, 몸통의 공방(攻防)

격투의 예술, 용맹의 춤

무엇보다 자신을 통해

세상에 도전한다

존재의 의미가 확실해진다

격렬한 순간과 한방에 승부의 역전!

그는/그녀는 몸과 마음으로 승리의 선물을 받는다

14. 회계사 Accountant

엑셀(Excel)의 세계,
함수(Function)와 매크로(Macro)의 연산

0에서 9까지의 열개의 숫자에서 일어나는
수많은 이야기들

숫자의 세계 속에 감춰진
돈의 이야기 문이 드디어 열린다

잉크 냄새 품은 종이 위에 펼쳐진,
자릿수의 무리를 읽어 내는
그의/그녀의 매서운 눈
자물쇠를 여는 열쇠는 다름 아닌 '공식(公式)'

잔고(殘高)들의 속삭임,
수익과 손실의 세계

매듭지어진 재무의 실마리를 파고든다

정확한 숫자의 균형과 완벽을 상상하며
회계사는
숫자들의 환호와 비명을 들으며
오늘도 현실 속에서
그냥 앓아 버린다

15. 어부 Fisherman

한 손에 투명한 망(網)을,
한 손엔 원대한 꿈을 안고
그는/그녀는 물고기들과 출 수 있는
자유로운 노래를 품는다

푸르른 수평선을 향해 알 수 없이 출발한다

바다의 향기와 소금의 자장가
고요한 파도와 함께 자기만의 세계 속에 잠긴다

끝없는 태초(太初)의 이야기와
바닷속 숨겨진 태고(太古)의 비밀

자신의 어망에서 매일 새로운 이야기를 낚는다

바다의 품에서 춤을 춘다

망을 던져 삶의 물결을 낚아 올리며
물결과 하늘의 경계에서 삶을 노래한다

어부는 자신이 낚아 온 물고기와 함께
숨죽인 삶을 발견한다

모든 것이 살아 있는 삶(命)인데

16. 마사지사 Massage Therapist

누워 있는 나신(裸身),
독특한 마사지 베드(Bed)만의 신비
온몸의 힘줄을 푸는 손의 연주

어두운 마사지실,
손에 묻은 오일 냄새

흐릿한 조명 아래에서 둘 다 같은 마음

죄다는 어깨

닳아 해진 손

비어 버리는 뇌

하지만 헤매는 몸의 추락을 푼다

누운 자의 안도와 완화된 숨소리
마사지사는 몸과 마음의
해법사가 되어 간다

편안하고 나른하다

17. 변호사 Lawyer, Attorney

다른 생각을 하며
마주치는 이의 목소리

비책(秘策)의 언어와 복잡한 상황의 향연

증거와 반증,
하지만
아무도 모르는 무덤 속의 비밀

그는/그녀는 끝없이 나아가야 하는
여정의 한가운데에 서 있다

법률 속에서만 존재하는 언어
뒤엉킨 증거의 퍼즐을 맞추는 작업

백지에 그려진 법의 문장

갈등의 파도는 여전히 끝이 없다

실루엣 속의 의식
증인석(證人席)의 그림자,
진지하고 땀 흘리는 표정

변호사는
삶의 교차로에서 맞닥뜨리는 길의
비밀에 잠겨 있다

18. 시계 수리공 Watch Repairer

오랜 기간 서 있는 고민의 초침,
그에 따라 흔들리는
이름 모를 감정의 기복

작은 부품들 속에서
그는/그녀는 시간을 부품 없는
장난감으로 만든다

시계 속 살아온 세계,
작은 태엽(胎葉)과 기어의 나라

'째깍째깍'

시간의 문을 열고 닫는
그만의/그녀만의 황금 열쇠를 도구 삼아
시계 속에 간직되어 온

맡겨진 손님의
역사와 미스터리를 풀어 본다

흘러가는 시간과 순간을 잡고,
평온하게 잠든 초침이
품은 비밀을 찾아,

시계 수선공이 시간의 미로를 헤쳐 나가 본다

참 미묘(微妙)하고 작은 세상이다

19. 레슬러 Professional Wrestler

투명한 링 위에서 춤추는,
그는/그녀는
꿈과 싸움의 미묘한 연극을 그리는,
그들은
소박하지만 큰 투사

너무나 빛나는 허리띠,
그것은 곧 승리와 큰 웃음

근육과 열정의 환상적인 조화
무엇보다도 무한한 꿈과 열정을 그린다

혼자만의 비밀의 땀,
새로운 결투의 순간 손가락이 펴진다

그는/그녀는 투명한 링의 전사(戰士)로서 선다

그의/그녀의 전투는

반전의 전율이 있고

그의/그녀의 몸에는

감정의 역전(逆傳)이 깔려 있다

레슬러는

어둠의 사자(死者)로 거듭난다

20. 소설 작가 Writer

어지러운 단어들이 춤추는 종이 위,
그는/그녀는 역시나 이야기의 마법사

상상의 날개를 달고 떠나는
혼자만의 여정

마음을 울리는 문장을 만드는
세계를 창조한다

외롭고 머리가 아프다

단어가 품고 있는 무게를 알고
종이 위의 세계가 한(限)이 없다

만들어지는 매력적인 언어들의 조합

이어지는 상상력의 우주는 어디인가?

흐르는 길 위에 쓰여진
언어의 흔적(痕迹)이 홀로 이야기를 시작한다

소설 작가는
고요한 밤에도 세상을 말하며 산다

21. 마술사 Magician

어두운 곳에서,
더 어둠 속의 막(幕)

경험해 보지 못한 묘한 향기
그는/그녀는 숨어 있는
비밀의 지도에서,
사람들의 불안한 눈길을 더 방황케 한다

어떻게 부서진 하트

쪼개지는 두개의 몸

누구도 가 보지 못한 세계에서,
다들 헤매는 그림자 속으로
비둘기를 날린다

그저 입이 벌어진다

일어나는 완벽한 트릭(Trick),
주변의 환호와 놀라워 쳐 대는 박수

그는/그녀는 다른 창조주가 되어
자신만의 새로운 시작을 꿈꾼다

마술사는 자신의 모자 속에서
사라져 버린 토끼와 함께
사람들이 보지 못한 출구에서 뛰쳐나온다

신기하다!

22. 탐정 Detective, Private detective

모자의 실루엣,
담배 연기

도시의 골목,
발자국 소리

어둠의 전봇대,
비밀의 문

긴 외투에 가려진 흔적 없는 걸음

여기저기 놓인 수수께끼의 조각

그는/그녀는
뒷골목의 어둠을 풀어내는 자

모든 흔적을 읽어 내는 감시자(監視者)

그는/그녀는
숨겨진 진실을 밝혀 내는 탐험가(探險家)

퍼즐 조각을 맞추는 화가(畵家)

탐정이여, 당신은 골목의 고독한 수호자(守護者)

얼른, 진실을 파헤쳐라

23. 목사 Pastor

거룩한 목소리,
예배당의 꾸벅꾸벅 졸음

성서(聖書)의 언어,
그러나 빈틈없이 완벽한 느낌

무엇을 말하든
놀랍게도 달콤한
유혹의 말을 퍼붓는다

하늘을 향해 솟아오르는 거룩한 축복
그러나 예측불허(豫測不許)의 결말

어쩌면 자신도 모르게
마을의 세례를 위한
전율에 사로잡힌 듯하다

아! 위대한 신의 계시

그러나

물결치듯 끝없이 퍼져 나가는 말썽

목사는 가려진 선악과(善惡果)의 집행자로

마을의 영혼을 결국은 뒤흔든다

24. 스님 Monk

놀랍도록 평화로운 미소,
순환(循環)하는 소리

자비(慈悲)와 증오의 경계
언제나 힘들다

붓다의 말씀,
교리의 막연한 바다에서
자신도 모르게 그저 떠내려간다

삼장(三藏, Tri-pitaka)과 수행의 길
앉아서 말씀해 주는 해법

누구나 무엇을 얻고자 하는지는 알지만
그저 빌 뿐이다

스님은 심려 깊은 미소 뒤에 감춰진

자신의 허물을 안다

자신의 번뇌(煩惱)를 잊고자 한다

25. 신부 Priest

신비로운 예수의 기운

그러나 어둠의 힘도 있을 법하다
기도하는 손과 손에 걸린 묵주(默珠)

거룩한 매혹을 간직하면서도
채워지지 않는 빈자리가 있다

세례(洗禮)의 물

마치 미묘한 증거

성당과 하얀 미사보의 무늬들

누군가는 거룩한 예수의 사랑을 감췄지만
어딘가

쓸쓸한 향기가 풍겨 온다

안식처의 모습
그러나 기도하는 떨리는 음색

신부는
소리 없는 괴로움을 입에 문다

26. 가수 Singer

가라앉은 미묘한 감정의 파도,
목소리에서 흐르는 음악의 강(江)

그는/그녀는
노래로 마음을 흔드는 마술사

쏟아지는 무거운 환호와
때로는 가벼운 눈물

각기 다른 무게의 감정을 품고 무대에 오른다

초상화처럼 반짝이는
무대의 여신,
매 순간 변하는 역할의 가면
솔직한 진실(眞實)과
모르는 연출(演出) 사이를 맴돈다

한 마디의 감정,
무수한 해석의 여지

듣는 이의 마음을
감정의 헤엄 속으로 끌어들인다

무대의 불빛과 춤추는 몸
가수는 무대에서 빛난다

목소리에서 빛이 보인다

27. 아나운서 News Anchor

딱딱하고 침묵하는 마이크,
보이지만 상당히 절제된 스크립트(Script)

하지만 하고 싶은 마음속의 언어들
답답하다

친근하면서도 급격히 얼어붙은 미소,
감정이 동결(凍結)된 겨울의 세계에서
마음과는 거리가 먼
얼굴이 눈에 띈다

그는/그녀는 자신의 목소리로 펼치지 못한
다양한 감정의 골짜기를
나그네마냥 지난다

무감정한 뉴스,

지루한 읽기 연습과 실행

세상의 모든 일들로부터

생겨나는 무거운 대본

아나운서는 듣는 이의 감동을 꿈꾸며,

말하기의 줄타기에 올라 선다

28. 바리스타 Barista

에스프레소의 묵직한 춤,
컵 안의 작은 세계

그의/그녀의
커피콩만의 우아함이 펼친다

한 잔의 커피에 담긴
수많은 이야기

스팀(Steam)이 머리 위에서 피어나는 동안
그는/그녀는
고요한 공간에 감동(感動)을 녹여 낸다

익숙한 향이 좋다

눈부신 라떼 아트의 향연

바리스타는

매일매일 새로운 풍미의

여행을 안내한다

하지만 여기는 어느 대륙인가?

29. 요리사 Chef

뜨거운 부엌,

쓰린 향기

날카로운 칼날과 무거운 손

그는/그녀는 끝없이 나오는

요리의 향연(饗宴)에서 지쳐 간다

손상된 입맛,

지친 레시피

밖으로 나가지 못한 주방

하지만

그는/그녀는 새로운 맛을 찾는 손님들에게

모험을 권유한다

드디어 나타난 예술적인 접시,

미각의 새로운 경험
이런 맛도 있구나!

고갈된 맛의 향기를 찾아내며
요리사는 색다른 예술을 펼치는
강인한 챔피언이 되고야 만다

30. 구두 수선공 Cobbler

뜨거운 접착, 깊어진 냄새
헤매는 구두의 낡은 향기와
고된 노동의 수수께끼에서 방황한다

얼룩진 손, 피어나는 수선(修繕)
그는/그녀는
'툭탁' 수선의 소음과 함께,
구두에게 고요한 옷을 입힌다

깨진 장식,
낡아진 갑피(甲皮)

그는/그녀는 자신의 손으로 수선하고,
끊임없이 낡아 가는 구두의 세계를 탈피한다

마주한 새로운 구두,

설레는 새 출발

새로운 시작과 일상을 꿈꾼다

구두 수선공은

자신의 소리 없는

작품이 흘러 다니는 거리를 본다

31. 디자이너 Designer

고갈된 아이디어,

지쳐 간 손

하지만 다시 모니터 앞

갇힌 색채(色彩)의 세계

그는/그녀는 아직 새로운 아이디어의

씨앗을 찾지 못한

농부처럼 깊이 묻힌 상태이다

곧이어 클릭의 소리,

놀라운 집중력과 고요함

흰 종이에 쏟아지는 아이디어의 비(雨)

그는/그녀는 작은 느낌에서

새로운 세계를 만들어 내고, 자유를 만끽한다

화면 속의 현실,
그리고 현실 속의 화면

디자이너는 자신이 그려 낸 세계에서

반전(反轉)의 승리를 꿈꾼다

32. 건축가 Architecture

계획된 평면,
제약되고 똑바른 수평
좁은 지면(紙面)에 매몰된 현실

그는/그녀는
자유로운 창조의 마음뿐이다

그러나 늘 계획이 놀랍다

휴먼 디자인의 꿈과 세상의 기대
선과 면의 만남

아키텍처의 기적

시공(時空)을 초월한 높이 솟아오르는
아름다움을 찾아내며,

새로운 도시의 초상화를 그려 본다

하지만 공기 중의 시멘트 냄새,
먼지와 어둠에 사로잡힌 도면

건축가는
현실의 한계를 극복하려 한다

33. 영화배우 Actor, Actress

포즈에 맞춘 표정,
환한 눈빛

갑자기 다른 사람이다

화려한 조명 뒤로 가려진
그만의/그녀만의 꿈의 흔적(痕跡),
무대 뒤 언제나 숨겨진 그림자

그는/그녀는 촬영 종료 후에도
표정 한 점에 숨겨진
복잡한 감정을 간직하려 한다

시나리오에 갇힌 역할,
현실과의 대조(對照)

취약한 순간도
우아하게 연출해 내며
보지 못한 캐릭터를 창조한다

가려진 진실 뒤의 연기(演技),
꽃피운 미소 뒤에 감춰진 비밀

영화배우는
반전(反轉)의 이야기를
자신의 삶에서 그려 나간다

34. 광대 Clown

무지개 미소에 가린 눈동자
그는/그녀는 즐거움과 슬픔의
미묘한 삶(生)을 그리는 아티스트

화려한 코스튬의 눈물
그냥 쓰러지는 해학과 관객에게 주는 메시지

미소와 눈물의 아름다운 춤

하지만 그의 가면 뒤엔 숨겨진 이야기가
고스란히 느껴진다

즐거움의 화려
어른,
아이
할 것 없는 큰 자지러짐

광대는

부서진 가면의 퍼즐을 맞추며

무지개 미소의 완성자로 빛난다

웃지만 운다

35. 프로듀서 Producer

무거운 책임,
%에 따라 깊어진 그림자

그는/그녀는 분주(奔走)한 무대의 뒤에서,
끝없는 부담을 안고 소외된다

끝없는 회의(會議)와 지친 눈들,
작은 화면 속에서
꿈틀거리는 무엇인가를
안고 시작해야 한다

기대와 실망,
답답한 어깨
무수한 책임,
기울어진 얼굴

그는/그녀는 모든 것을 짊어진 채 걷는다

마주한 무대,
반짝이는 빛과 쉼(休)이 없는 대본

프로듀서는 자신의 존재를 밝혀 내려 하지만
보는 눈이 너무 많다

36. 발레리나 Ballerina

거친 바닥과 부서진 무릎

상실(喪失)의 춤과 치명적인 도전
얼어붙은 무빙,
무거운 그림자

그는/그녀는 놀라운 예술의 춤꾼
무거운 발레 토슈즈 위에서
부서지고 상처 입은
고독인이기에 눈물겹다

하지만 마주한 보는 이들의 감탄

완벽한 아라베스크 턴(Arabesque Turn)
마주한 무용가의 미소와 존경

발레리나는

감탄 속에서,

자신의 발레를 새롭게 찾고,

새로운 시작을 꿈꾼다

37. 시인 Poet

소중한 잎사귀의 속삭임,
물결의 따사로운 소리

잠자리의 자유로운 날갯짓,
숲속 곰의 날렵한 꿈

그는/그녀는 자연의 언어를 품은 농부

가늘게 엮인 글귀,
어쩔 수 없는 감성(感性)의 향기

종이 위의 흩날리는 춤,
언어의 깊이를 알 수 없는 바다

그는/그녀는 간직한 감정을 자유롭게 풀어낸다

단어의 무게와 느낌,

고민의 짙은 향기

시인은 자신의 말이 세상을 밝힌다고 믿고 싶다

어린 아이다

38. 여행가 Travel blogger, Travel writer

캐리어(Carrier)의 또 다른 무게

호기심이 품은 문이 활짝 열리고
먼 터널 끝에 기대하던 빛이 드디어 보인다

길 위에 쌓인 허전함의 낯선 벽,
새로운 문이 닫힌 도시

늘 이런 느낌이다

그의/그녀의 가방 안에는
새로운 만남과 이야기
길 위에는 만남이 있고
발자국이 이어지는 곳을 향해,

이야기를 들으려 간다

여행가는

사라진 꿈의 수확(收穫)을 위해

그리움에 물든 발자국을 새긴다

39. 작곡가 Composure

결코 깨어나지 않는 밤,
눈에 띄지 않는 고통

그는/그녀는 불면(不眠)의 시간 속에서,
헤아릴 수 없는
감정의 세계 속에서만 산다

고요한 높은 음자리표와 도돌이표,
머릿속 속삭임

그는/그녀는 감정의 꽃잎을 품은 채
놓친 음표(音標)와
삐걱거리는 소리로 헤맨다

부족한 악보,
하지만 마주한 음악,

흘러나오는 감동

작곡가는 자신의 작품이 만들어 내는
새로운 노래의 세상으로
빠져든다

당연, 놀랍다

40. 우주 비행사 Astronaut

처음 본 은하수의 갈림길,
길을 잃은 별빛들의 고민

무게 없는 손길,
우주의 고요함이 차라리 처절(悽絕)하다

그는/그녀는
어둠의 심연(深淵)을 항해하는
외로운 나그네일지도 모른다

너무나 무한한 우주,
움직이지 않는 험한 우주선

어둠에 묻혔지만 보이는 행성(行星),
혼란스러운 우주

그는/그녀는

별들의 꿈과 현실의 차이를

진지하게 느끼고 있는지도 모른다

우주 비행사는

자신의 진정한 고향(故鄕)을 찾아내기 위해

가고 있는지도 모른다

갈 수 있음 따라가고 싶다

우주보다 아름다운 것

ⓒ 박성용, 2026

초판 1쇄 발행 2026년 1월 1일

지은이   박성용
펴낸이   이기봉
편집   좋은땅 편집팀
펴낸곳   도서출판 좋은땅
주소   서울특별시 마포구 양화로12길 26 지월드빌딩 (서교동 395-7)
전화   02)374-8616~7
팩스   02)374-8614
이메일   gworldbook@naver.com
홈페이지   www.g-world.co.kr

ISBN   979-11-388-4965-4 (03810)